LA BATALLA DE AZINCOURT

En el corazón de la guerra de los Cien Años

Por Gauthier Godart
En colaboración con Antoine Baudry
Traducido por Laura Soler Pinson

Historia en50MINUTOS.es

LA BATALLA DE AZINCOURT

DATOS CLAVE

- **¿Cuándo?** El 25 de octubre de 1415.
- **¿Dónde?** En un claro entre el bosque de Azincourt y el de Tramecourt (región de Pas-de-Calais, norte de Francia).
- **¿Contexto?** La guerra de los Cien Años (1337-1453).
- **¿Beligerantes?** El reino de Francia contra el reino de Inglaterra.
- **¿Principales protagonistas?**
  - Enrique V, rey de Inglaterra (1387-1422).
  - Juan II le Maingre, llamado Boucicaut, mariscal de Francia (1366-1421).
  - Carlos I de Albret, condestable de Francia (c. 1370-1415).
  - Antonio de Brabante, también llamado Antonio de Borgoña, duque de Brabante (1384-1415).
- **¿Resultado?** Victoria del reino de Inglaterra.
- **¿Víctimas?**
  - Bando francés: cerca de 6000 muertos y 2000 prisioneros.
  - Bando inglés: entre 500 y 1000 muertos.

INTRODUCCIÓN

En una mañana lluviosa de otoño de 1415, cerca de Calais, dos ejércitos se enfrentan en un terreno inundado. Por una parte, los ingleses, guiados por su rey, Enrique V; por la otra, los franceses, dirigidos por Juan II le Maingre, llamado Boucicaut, y por Carlos I de Albret.

Extenuados y con los pies totalmente hundidos en el barro, los hombres llevan observándose y midiéndose desde hace unas horas, separados solo por unos cientos de metros. Están a punto de iniciar una batalla que marcará para siempre la historia: la batalla de Azincourt.

Todos saben que la lucha será despiadada: los dos bandos son enemigos hereditarios. En efecto, desde hace ya varias décadas, Francia e Inglaterra se libran batalla tras batalla en el marco general de la guerra de los Cien Años, que surge por las pretensiones inglesas al trono de Francia.

Aunque las condiciones meteorológicas y la configuración del terreno no son favorables a los franceses, estos cuentan con la doble ventaja de estar en aplastante superioridad numérica y de enfrentarse a un ejército debilitado tras varias semanas de caminata y tras una epidemia de disentería.

Y, sin embargo, la operación pronto se inclina a favor de Enrique V. Los ingleses aniquilan a los franceses, que asisten a la masacre de sus caballeros más audaces. Esta matanza, ordenada por el soberano inglés, dejará una profunda huella, ya que se opone a todos los principios y valores primordiales de la caballería.

CONTEXTO POLÍTICO Y SOCIAL

LA GUERRA DE LOS CIEN AÑOS

En el origen del conflicto: el caso de Aquitania

Las hostilidades entre los reinos de Francia y de Inglaterra no son nuevas; de hecho, tienen unas raíces profundas y persistentes. En efecto, las dos potencias ya se enfrentan entre 1159 y 1259 en un primer periodo de conflictos largo —que a veces se denomina «la primera guerra de los Cien Años»—. No obstante, cuando acaba, terminan por encontrar un terreno común y firman una paz que se conocerá como el Tratado de París.

Aunque este acuerdo permite apaciguar las relaciones durante varias décadas, lo cierto es que no pone fin a las tensiones, que se materializan rápidamente en torno a un territorio del suroeste de Francia: el ducado de Aquitania. Este lleva mucho tiempo ocupado por los ingleses y el Tratado de París les permite conservarlo, a condición de que el soberano inglés reconozca su estatus de vasallo del rey de Francia.

Sin embargo, desde hace un tiempo, los reyes de Francia han adoptado una política de centralización que se traduce por un incremento de sus intervenciones en los asuntos de los distintos condados y ducados del territorio. Aquitania no es una excepción y, por ello, los reyes ingleses se ven obligados a soportar la injerencia francesa, algo que resulta especialmente difícil teniendo en cuenta que los soberanos franceses abusan alegremente de su poder. Por consiguiente, independientemente del tipo de litigio que los oponga a los ingleses, los franceses no dudan en recordar las condiciones del Tratado de París, reduciendo a los reyes ingleses a su estatus de vasallos.

En 1137, Aquitania es un ducado vasto y prestigioso situado en el suroeste del reino de Francia. Sin embargo, ese año cae en manos de Alienor de Aquitania (c. 1122-1204), que tiene por delante un fabuloso destino. En efecto, primero se casa con el rey de Francia, Luis VII (1120-1180) y es repudiada en 1152. Ese mismo año, se casa con Enrique II Plantagenet (1133-1189), conde de Anjou y duque de Normandía. Es un matrimonio afortunado para la duquesa, ya que, según parece, este último muestra ambición: en 1154 logra acceder al trono de Inglaterra y, de hecho, se posiciona como uno de los soberanos más importantes de su época. Así, tras haber sido reina de Francia, ahora lo es de Inglaterra. Con este golpe de fuerza, Aquitania también pasa por manos de los ingleses.

Retrato de Alienor de Aquitania.

La situación no termina de mejorar, ya que los soberanos franceses, preocupados por limitar la creciente influencia de los ingleses en el continente (algunos territorios, como Bretaña o Flandes, mantienen estrechos vínculos económicos con Inglaterra), llegan a confiscar el ducado de Aquitania en varias ocasiones. Y, aunque es restituido sistemáticamente, cada vez se ve más reducido, hasta que, al final, ya no es más que una escasa franja de tierra en la costa atlántica.

El pretexto: la sucesión de Carlos IV

En este marco de tensiones, en 1327, Eduardo III (1312-1377) accede al trono de Inglaterra. Sin embargo, al año siguiente, el rey de Francia, Carlos IV (1295-1328), fallece sin dejar descendiente varón. El joven soberano inglés (que solo tiene quince años) ve en ello una señal del destino, y con razón: es el heredero más directo en la línea de sucesión al trono de Francia. Y es que su madre, Isabel de Francia (1292-1358), es la hermana del difunto Carlos IV.

Retrato de Eduardo III.

Pero, obviamente, los franceses quieren impedir que un joven extranjero y, aún más, rey de Inglaterra, rija su reino, y es Felipe VI (1293-1350), conde de Valois y primo hermano del difunto rey, quien se impone. Entonces, Eduardo III se ve obligado no solo a aceptar su exclusión, sino, además, a rendir homenaje al nuevo soberano francés de la Guyana. No obstante, ahora cuenta con una excusa válida para entrar en conflicto abierto con Francia, aunque ciertos historiadores afirman que jamás consideró realmente su ascenso al trono.

La declaración de guerra

A partir de ahí, a lo largo de los años 1330, el antagonismo alcanza su punto culminante. Eduardo III, basándose en el pretexto de la sucesión de Carlos IV que le permite legitimar su política beligerante, sueña con reinstaurar una Aquitania fuerte y vasta e, incluso, por qué no, añadirle algunos terrenos suplementarios en el continente. Con esta intención, inicia negociaciones diplomáticas con sus relaciones continentales y se alía con el Imperio germánico y con Flandes.

Por su parte, los franceses no buscan calmar las aguas. Tras haberse aliado con los escoceses, enemigos naturales de la corona inglesa, Felipe VI toma una medida en 1337 que resultará dramática: la anexión de Aquitania a Francia. Eduardo III ya no necesita más excusas para iniciar por fin una guerra.

A continuación, se desarrolla un conflicto interminable, cuyos primeros años se ven marcados por las victorias de los ingleses, que logran conquistar muchos territorios franceses en apenas unos veinte años. Esta primera fase concluye con la firma del Tratado de Brétigny (1360), que reconoce la soberanía inglesa sobre los territorios conquistados. A cambio, Eduardo III renuncia a sus pretensiones al trono de Francia. Pero en seguida se vuelve a retomar la guerra, y los ingleses pierden la mayor parte de sus conquistas. Al fin, en 1396, se firma una tregua de veinte años que, en realidad, durará poco.

La reanudación de las hostilidades

En 1392, Carlos VI (1368-1422), que reina en Francia desde 1380, es víctima de una grave crisis de demencia paranoica que lo lleva a matar a cuatro hombres de su guardia. Jamás se curará por completo y su existencia oscilará constantemente entre crisis violentas y largos periodos de postración.

Miniatura que representa a Carlos VI guardando cama mientras es atendido por su médico.

Dado que el rey es incapaz de gobernar *de facto*, se instaura un consejo de regencia presidido por su esposa, Isabel de Baviera (1371-1435). Se instala entonces una lucha entre dos fines políticos que intentan influir en el consejo y, más en particular, en la reina: Felipe el Audaz (1342-1404), duque de Borgoña, y Luis de Orleans (1372-1407), hermano del rey. De esta lucha de poder nacerán dos facciones opuestas frontalmente: los borgoñones, que apoyan a Felipe el Audaz, y los armagnacs, que toman partido por Luis de Orleans.

Estas disputas internas redoblan su intensidad y se transforman en una auténtica guerra civil cuando, en 1407, Juan sin Miedo (1371-1419), que acaba de suceder a su padre Felipe el Audaz, toma la terrible decisión de ordenar el asesinato del príncipe Luis de Orleans. Los enfrentamientos que le siguen son de una violencia, de una ferocidad y de una envergadura increíbles y, aunque finalmente se firma la paz, los dos bandos están constantemente al acecho para asestar el golpe fatal en cuanto se presente la menor ocasión.

Sin embargo, en 1413, sube al trono inglés un nuevo rey muy ambicioso: Enrique V. Se muestra decidido a imponer su autoridad desde el inicio de su reinado, por lo que considera oportuno iniciar una campaña militar en Francia. Está al tanto de las disputas internas que sacuden al país y que parece que le facilitarán la tarea. El 14 de agosto de 1415 desembarca en Calais —conquistado por los ingleses en 1347— tras haber arrasado el norte del país para, a continuación, volver a Inglaterra cargado con un gran botín.

PROTAGONISTAS PRINCIPALES

Retrato póstumo de Enrique V.

Enrique V lleva en el trono inglés apenas dos años cuando invade Francia. Es un líder: no forma parte de esos reyes que se mantienen en un segundo plano en la batalla, sino de los que se exponen con orgullo. Tras haber desembarcado en Calais el 13 de agosto de 1415, se dirige hacia una plaza fuerte francesa: Harfleur (cerca de Le Havre). Esta ciudad, principal puerto de Normandía, es un lugar capital, dado que controla el acceso al Sena, importante vía de abastecimiento de París. El lugar, protegido por cuatrocientos hombres de armas, consigue resistir al asedio inglés durante más de un mes y no caerá en manos de Enrique V hasta el 18 de septiembre.

Tras haber expulsado a todos los habitantes, el rey ordena el saqueo de la ciudad, como establecen los cánones, y decide convertirla en una colonia que le servirá como sólida base para su conquista. En cuanto a los prisioneros, no desea ocuparse de ellos por el momento, por lo que decide dejarlos libres, a condición de que juren por la Biblia que irán a entregarse tres semanas más tarde a Calais.

En efecto, resuelve volver a la localidad francesa. Esto no es una señal de debilidad, sino que toma esta decisión al observar que el retraso ocasionado por la inesperada resistencia de la ciudad le impide avanzar en su campaña militar. Así, tras haber decidido dejar una guarnición de hombres encargada de defender su nueva plaza fuerte, reanuda su camino el 8 de octubre.

Sin embargo, en el camino de vuelta, en Azincourt, debe enfrentarse al ejército francés que, aunque se ha tomado su tiempo para constituirse, ahora está muy decidida a plantar cara. El ejército inglés, muy inferior numéricamente y asolado por una epidemia de disentería y por semanas de caminata, no parece ser un rival de envergadura. Sin embargo, a las órdenes del rey Enrique V, inflige una derrota humillante a los franceses al cabo de unas horas de combate.

Durante el transcurso de la batalla, el rey toma una terrible decisión: a sangre fría, manda ejecutar a cientos de prisioneros franceses, que se encuentran en graneros a los que se prende fuego o a los que los arqueros ingleses degüellan sin vergüenza.

Solo decide volver a Inglaterra después de la batalla para poder regresar al continente con más fuerza. Así, al cabo de cinco años de campaña fuera de Inglaterra, logra imponerse en el territorio francés de tal manera que, el 21 de mayo de 1420, con el Tratado de Troyes, es reconocido como heredero legítimo del trono de Francia, estatus que refuerza aún más el 2 de junio de ese mismo año a través de su matrimonio con la hija del rey Carlos VI, Catalina de Francia (1401-1437). Sin embargo, jamás conocerá el honor de acceder al trono de Francia: fallece el 31 de agosto de 1422 a causa de la disentería, mientras que el rey francés se apaga a su vez el 21 de octubre.

CARLOS I DE ALBRET Y JUAN II LE MAINGRE, LLAMADO BOUCICAUT, JEFES FRANCESES

Boucicaut, cuyo nombre real es Juan II le Maingre, ocupa un lugar destacado en la cima de la caballería francesa. Es temido tanto en los torneos como en los combates y, con treinta y cuatro años, recibe el cargo militar francés más elevado, el de mariscal de Francia. Es pequeño pero robusto, y su fuerza, su habilidad en el combate y su actitud resuelta lo convierten en un líder respetado, razón por la que es el elegido en 1415 para dirigir al ejército que se enfrentará a los ingleses. Comparte esta misión con otro personaje relevante que ya ha tenido la ocasión de medirse contra los ingleses en 1404, Carlos I de Albret, nombrado condestable de Francia (es decir, jefe de los ejércitos del rey) en 1402.

La víspera del enfrentamiento con Enrique V, los dos hombres mantienen los pies en la tierra y no se muestran demasiado presuntuosos con respecto a sus posibilidades de victoria, a pesar de que, indudablemente, están al mando de un ejército más numeroso. Saben que, en el pasado, pequeñas tropas inglesas ya han derrotado a batallones franceses más numerosos y no ignoran la temible eficacia de sus arqueros, capaces de disparar una decena de flechas por minuto al inicio del combate.

Además, en su plan de batalla, desechan la tradicional carga de caballería frontal. Saben que si los caballeros se exponen en masa y de frente, se convertirán en una diana fácil y se verán diezmados por los *long bow* ingleses (grandes arcos de madera de tejo cuyos pernos pueden traspasar una armadura a cien metros). Así, según el plan, la mayor parte de las tropas luchará a pie y será precedida en cada ala por tiradores (arqueros y ballesteros). Por su parte, la caballería intentará rodear a los ingleses para atacarlos por los flancos.

Pero el plan no se respeta el día de la batalla. Reina el desorden y los dos hombres sufren un triste destino. El condestable, que dirige la primera línea, muere durante el combate. Por su parte, Boucicaut es hecho prisionero y, aunque su estatus le evita por poco correr la suerte de los muchos prisioneros ejecutados por los ingleses, acaba muriendo encarcelado seis años más tarde.

ANTONIO, DUQUE DE BRABANTE

El día de la batalla, Antonio, duque de Brabante, enarbola los valores de la caballería. A pesar de que su hermano Juan sin Miedo, duque de Borgoña, le ha prohibido participar en la campaña, se deja llevar por su ideal caballeresco y por sus ganas de destacar, y decide desafiar este veto y enfrentarse al enemigo.

que se lo toma como una nueva ofensa por parte de sus adversarios, se niega e, incluso, prohíbe a todos sus súbditos que tomen las armas. Esto incluye a sus dos hermanos menores: Antonio de Brabante y Felipe, conde de Nevers (1389-1415).

Sin embargo, llega muy tarde al campo de batalla, cuando la situación ya se inclina claramente a favor de los ingleses. No obstante, hace caso omiso del miedo y no duda un segundo en lanzarse a la pelea con un puñado de hombres, tras haber dejado atrás al resto para que no les frene.

Como no quiere perder tiempo, no espera a su armadura e inicia el asalto a los ingleses con un equipamiento improvisado. La desgracia se abate sobre él: cede bajo los golpes y cae en poder del enemigo. Cuando Enrique V ordena ejecutar a los prisioneros de poca importancia, no se le reconoce como el príncipe que es.

ANÁLISIS DE LA BATALLA

UNA RETIRADA BAJO PRESIÓN

La conquista de Harfleur retrasa a Enrique V más de lo previsto, así que, con el invierno a la vuelta de la esquina, decide posponer el resto de su campaña y se dirige hacia Calais, donde tiene pensado embarcar rumbo a Inglaterra. Tras haber dejado una importante guarnición, se marcha de la pequeña ciudad el 8 de octubre de 1415.

Pero el camino es largo: a vuelo de pájaro, Calais está a doscientos kilómetros de Harfleur. Si a eso le añadimos los muchos ríos que debe atravesar, podemos imaginarnos lo difícil que es la ruta, sobre todo cuando se presenta ante las tropas inglesas un obstáculo enorme: el río Somme. En efecto, para llegar hasta Calais, a Enrique V no le queda otra opción que atravesarlo. Sin embargo, según sus informadores, el punto de paso más cercano estaría demasiado bien vigilado como para arriesgarse. Así, decide seguir el curso del río y buscar otro punto de paso, sin vigilancia. Aunque Calais se sitúa al noreste de su posición, se ve obligado a dirigirse hacia el sudeste.

Mientras tanto, el ejército francés se ha congregado y proyecta sobre las tropas inglesas la angustia constante de un posible ataque. El 18 de octubre, estas últimas, castigadas psicológicamente —pero también físicamente, dado que muchos han contraído la disentería—, logran por fin cruzar el Somme a la altura de Nesle (municipio francés), tras una marcha forzada agotadora.

EL ENCUENTRO Y LA PREPARACIÓN PARA EL COMBATE

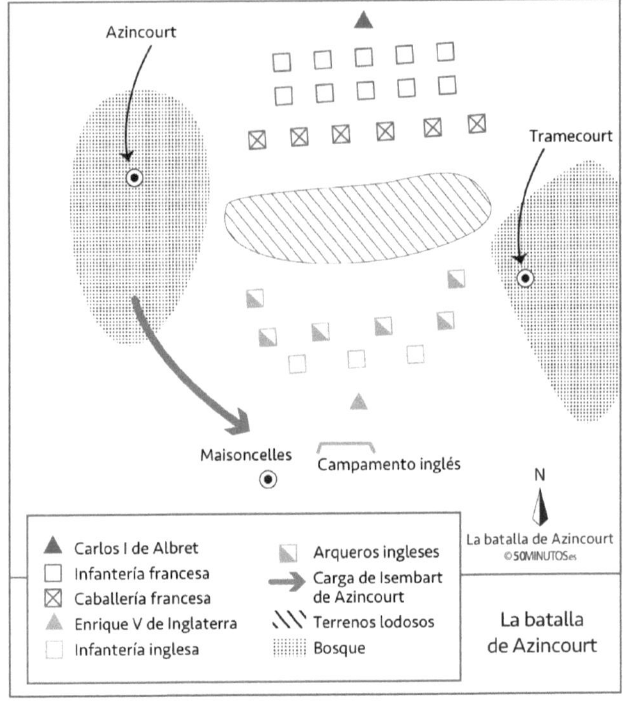

El 24 de octubre, mientras Enrique V obliga a su ejército a caminar sin descanso, ve cómo vuelven apresurados sus exploradores para traerle una noticia cuando menos alarmante: el ejército francés le corta el camino y es mucho más numeroso que el suyo. De hecho, aunque los historiadores no se ponen de acuerdo, se estima que lo están esperando unos diez mil hombres de armas y entre cuatro mil y cinco mil tiradores en la ruta hacia Calais, en Azincourt.

Así, Enrique V está preocupado. Al partir, unos dos meses atrás, ya «solo» contaba con dos mil hombres de armas y con seis mil arqueros —a los que hay que añadir un cortejo compuesto por cañoneros, carpinteros, juglares, cirujanos, etc.— repartidos en mil quinientos barcos. Pero se ha visto obligado a dejar en Harfleur a una importante guarnición para asegurar su defensa. Por lo tanto, tiene que enfrentarse a los franceses ayudado por apenas mil hombres de armas y cinco mil arqueros.

Los dos ejércitos se encuentran en un pequeño claro de alrededor de un kilómetro de largo, bordeado por dos bosques: el de Azincourt en el oeste y el de Tramecourt en el este. Los ingleses están situados al sur y los franceses, al norte. Dado que está cayendo la noche, se decide no lanzar las hostilidades y montar un campamento para pasar la noche, que es muy dura: en efecto, durante horas, un aguacero se abate sobre los dos campamentos y escasean los refugios. Los franceses resultan todavía más perjudicados, dado que el terreno tiene una ligera pendiente hacia el norte: la lluvia se acumula de manera natural en su lado y convierte el terreno en un lugar particularmente impracticable.

En este deplorable estado y con los pies en el barro, los dos ejércitos se ponen en posición de combate al amanecer del 25 de octubre de 1415. El rey inglés decide colocar sus tropas en una línea larga que va de un bosque a otro. A continuación, reparte a los hombres de armas en tres bloques, separados por grupos de arqueros que se ubican ligeramente adelantados. Por su parte, el grueso de los arqueros está situado en los flancos, siempre un poco por delante. Podemos imaginarnos que la línea que se crea es de esta manera ligeramente curva, en forma de embudo, para permitir que los arqueros que ocupan los flancos cubran al grueso de las tropas una vez que el asalto francés se haya iniciado.

En el bando francés, por un motivo desconocido, no se respeta el plan que Boucicaut y Carlos I de Albret han previsto: de hecho, los tiradores, que deberían adelantar a cada ala, parecen haberse esfumado. Unos dicen que se les relega a la retaguardia, y otros que están dispersos por entre las tropas. Sea como fuere, sabemos que se disponen ocho mil hombres de armas a pie en dos líneas, la primera de ellas, dirigida por Carlos I de Albret, mientras que otros dos mil a caballo se reparten a razón de quinientos en cada flanco y unos mil constituyen la retaguardia.

A continuación, no ocurre nada durante más de tres horas. Los dos ejércitos están frente a frente sin que nadie tome la iniciativa de abrir las hostilidades.

No obstante, Enrique V no se queda parado y decide ordenar el avance de sus tropas hasta el punto más estrecho del claro para impedir que sean rodeadas por la caballería francesa. Por lo tanto, la distancia entre los dos ejércitos se reduce poco a poco: ya solo es de unos trescientos metros. A continuación, los arqueros reciben la orden de plantar delante de ellos las estacas de madera, largas y sólidas, talladas con doble punta, que el rey les ha obligado a elaborar en previsión de un posible ataque francés. Tras haberlas colocado para frenar a los caballos franceses durante la carga, vuelven a tallarlas para que sean más temibles todavía. Para acabar, plantan con cuidado sus flechas en el suelo, a sus pies, y comprueban sus arcos.

PRIMER CHOQUE

Durante estos preparativos, el ejército francés no se inmuta y sigue sin parecer preparado para iniciar el ataque. Enrique V, que ya no aguanta más, pero que no se encuentra en posición de avanzar hacia el enemigo, decide lanzar una primera salva, para provocarlo. En seguida, desde las cuatro posiciones ocupadas por los tiradores, varios miles de flechas salen disparadas.

El ruido de los proyectiles que chocan contra las armaduras es tan ensordecedor como agobiante, pero apenas causa víctimas. La distancia es demasiado larga para un tiro tenso (es decir, menos de 45°), por lo que se hace en campana, y las flechas solo rebotan sobre las armaduras francesas, concebidas específicamente para resistir a los tiros en parábola.

A pesar de todo, Enrique V alcanza el objetivo buscado: la caballería francesa no tarda en avanzar hacia los arqueros que ocupan los flancos. Debemos imaginarnos cómo estos caballeros, vestidos con sus corazas de acero, con sus lanzas en la mano y montados en robustos caballos, cargan por centenares y se abalanzan sobre los tiradores ingleses, primero al trote y, luego, al galope. Para estos últimos, la imagen debe ser aterradora, sobre todo porque su equipamiento es ligero y, por lo tanto, no está adaptado para resistir a este tipo de ataques.

Pero les quedan sus arcos y sus estacas. Cuanto más se acerca la carga francesa, más precisos son los tiros ingleses, que se vuelven mortíferos. Apuntan a los caballos, que constituyen dianas fáciles y que, cuando resultan heridos, acaban derribando o incluso aplastando a sus propios caballeros. Aunque las armaduras francesas resisten a los tiros en campana, resultan mucho menos eficaces frente a tiros tensos, sobre todo porque, como ya mencionamos, las flechas que disparan los *long bow* son capaces de atravesar una armadura a cien metros.

Así, la cabalgada pronto se convierte en una pesadilla. Pocos son los caballeros franceses que, al llegar hasta las líneas inglesas, logran evitar que sus corceles acaben empalados en las estacas de los arqueros. Las monturas se desbocan y los propios caballeros son presa del pánico. Muchos dan media vuelta para refugiarse en las líneas francesas, pero se encuentran con una infantería que se ha puesto en movimiento para venir a socorrerlos y que tiene como objetivo a los hombres de armas ingleses. El caos es total y los caballos derriban y pisan a los soldados. A esto tenemos que añadir que el suelo, inundado y removido por cientos de corceles, no facilita el avance de los hombres de armas franceses.

UNA ESTAMPIDA DESASTROSA

Sin embargo, la primera línea de soldados franceses se reorganiza y prosigue su camino, a pesar de que los hombres caen por decenas bajo las cargas inglesas. Y es que los arqueros posicionados en los flancos, al igual que los que protegen a los tres contingentes de hombres de armas ingleses, han vuelto a retomar su mortífera misión. El que al enemigo le cueste avanzar por el lodo les facilita aún más la tarea. No obstante, los soldados franceses avanzan por miles y, aunque los tiradores ingleses redoblan la intensidad, no logran detener el asalto, ya que no hay suficientes flechas.

Cuando las líneas inglesas están más cerca, los asaltantes se separan en tres grupos, y cada uno se dirige hacia una de las tropas de soldados ingleses. La confrontación es violenta y, aunque los ingleses deben realizar esfuerzos para resistir, los franceses se ven por su parte perjudicados por su número. Hostigados por todos los costados, se ven empujados con violencia hacia las líneas inglesas, sin tener tiempo para prepararse para el choque. Aunque hayan acortado sus lanzas antes del combate para tener una mayor libertad de movimiento, están demasiado juntos y demasiado comprimidos como para lograr bloquear los golpes ingleses. En efecto, los soldados franceses, mucho más numerosos que los ingleses, se ven obligados a formar columnas para enfrentarse a ellos. Por lo tanto, los hombres de atrás no tienen ni idea de lo que ocurre por delante y están impacientes por librar la batalla.

Aún peor, los franceses que ya han caído se convierten en obstáculos para los que empujan desde atrás y se producen muchas pérdidas de equilibrio. En Azincourt, un hombre en el suelo es un hombre muerto. Y es que el peso de una armadura es de unos treinta kilogramos, y debemos recordar que el terreno está muy embarrado. Por lo tanto, una vez que un hombre de armas cae a tierra, cuenta con pocas posibilidades de tener tiempo para levantarse de nuevo: si no lo remata el enemigo, son sus propios compatriotas los que, de forma involuntaria, lo aplastan. El esquema se repite continuamente y Carlos I de Albret, que lidera el asalto, acaba cayendo también.

Miniatura de la batalla de Azincourt.

La situación es desesperada cuando los arqueros ingleses, escasos de flechas, deciden salir directamente al encuentro del enemigo. Aunque, claramente, no están tan bien equipados como deberían para atacar frente a frente a las tres columnas francesas, lo cierto es que pueden abalanzarse contra los grupos aislados: es decir, los hombres que han caído durante la carga, los soldados que se han salido de las columnas y aquellos que se han visto separados de las tropas con la retirada de los caballeros. Rápidos y ágiles, se organizan en pequeñas bandas y asaltan a los desgraciados que intentan reorganizarse. Se asestan los golpes en los puntos débiles de las corazas, situados en su mayor parte en las articulaciones, o en la cabeza con ayuda de los pesados mazos que les han servido para plantar sus estacas antes del combate. Animados por sus logros, deciden avanzar y empiezan a atacar a los flancos de las columnas enemigas. Los franceses, sorprendidos, no tienen tiempo de bloquear los golpes.

SOBRESALTOS Y MASACRE

Solo ha pasado media hora desde la carga de la caballería que ha precipitado todo. Ante la debacle de la primera línea, la segunda acude en su ayuda: este resulta el error estratégico más grave del bando francés. Los hombres que se dirigen hacia el bando inglés se encuentran con los que huyen y la moral cae a su punto más bajo cuando observan la gravedad de la situación. Lejos de mejorar las cosas, los soldados de la segunda línea que no se han dado la vuelta inmediatamente sufren la misma suerte que los de la primera. Hacia el mediodía, las dos primeras líneas francesas son derrotadas y se pueden contar los prisioneros por centenares.

Pero los ingleses todavía no han ganado. Antonio, el joven duque de Brabante, llega al campo de batalla y, acompañado de unos pocos caballeros, se lanza al asalto sin más tardar. Aunque no causa demasiados daños y en seguida es dominado, su valentía devuelve un poco de ánimo a la retaguardia francesa que, como hemos visto, todavía cuenta con un millar de hombres de armas a caballo. Además, en el mismo momento, los ingleses descubren con estupor que Isembart, señor de Azincourt, ataca su retaguardia con varios centenares de campesinos.

Aunque al final este ataque no será más que una anécdota, puesto que los asaltantes se limitan a saquear la comitiva real para volver rápidamente por donde han venido, Enrique V se muestra preocupado. Observa que la retaguardia francesa se prepara para volver al asalto y tiene tras sus líneas a varios cientos de prisioneros que todavía son aptos para el combate.

Para evitar que estos tomen las armas, ordena que los ejecuten. En un primer momento, los ingleses se muestran reticentes a obedecer una orden que les quita una buena fuente de ingresos pero, amenazados por su soberano, terminan entrando en razón, y doscientos arqueros se encargan de la siniestra misión. Los prisioneros, entre los que se encuentra el joven duque de Brabante, mueren degollados o quemados vivos en graneros donde se les hacina antes de prenderles fuego.

RESULTADO DE LA BATALLA

La masacre se revela inútil, ya que, al final, la retaguardia francesa no lanza el ataque y, disgustada, llega incluso a abandonar el campo de batalla hacia las 15:00. Ha llegado el final de la confrontación y Enrique V convoca en seguida a los heraldos (oficiales encargados de observar la batalla y, entre otras cosas, de determinar el bando victorioso). Estos se ponen de acuerdo para confirmar la victoria inglesa y le dan a la batalla el nombre del castillo más cercano:

Azincourt.

Aunque, por el lado inglés, solo hay que deplorar unos cientos de muertos, entre los que únicamente figuran una decena de caballeros, los franceses han acabado diezmados. A los hombres que han caído durante el combate hay que añadir los prisioneros ejecutados y los heridos que, abandonados en el campo de batalla, han sido rematados por los ingleses. Se estima que el número de muertos en el bando francés alcanza los seis mil, a los que se deben añadir más de dos mil prisioneros. Lo que queda del ejército francés ha huido con la retaguardia.

¿Cómo se explica un desastre de estas dimensiones? ¿Cómo un ejército casi tres veces superior en número ha podido caer tan fácilmente ante hombres debilitados por semanas de caminata?

Además de los talentos de estratega de Enrique V —que vemos en particular cuando decide colocar a su ejército en el punto más estrecho entre los bosques de Azincourt y de Tramecourt, con lo que impide *de facto* que la caballería francesa logre rodear sus tropas—, el fracaso del ejército francés puede explicarse, en su mayor parte, por su gran falta de organización y de disciplina.

Así, en particular, las tres olas de luchadores (caballería, primera y segunda líneas de infantería) no solo no se ayudan, sino que se molestan mutuamente e impiden cualquier retirada. Aún peor, si en vez de enviar la segunda línea de infantería para ayudar a la primera, los franceses hubiesen enviado la retaguardia, compuesta por soldados a caballo, quizás la batalla se habría inclinado a su favor. En efecto, los arqueros ingleses, que abandonaron sus posiciones para atacar a la infantería francesa, eran objetivos fáciles para hombres a caballo y con armadura. Sobre todo si tenemos en cuenta que, en este punto de la lucha, seguramente ya no tenían nada que temer de los tiradores ingleses.

Por lo tanto, varios factores perjudicaron a los franceses, y entre ellos:

* los arqueros ingleses. Están muy bien entrenados, sobre todo gracias a torneos y a concursos de tiro con arco que organizan periódicamente las autoridades;
* el mando francés. Al parecer, Boucicaut y Carlos I de Albret sufren para imponerse frente a los muchos príncipes de alta cuna a los que dan órdenes;
* el exceso de confianza. Sin duda, los franceses, demasiado seguros por su aplastante superioridad numérica, abordan la batalla con mucho menos fervor que los ingleses, que son conscientes de que se están jugando la vida;
* la naturaleza del terreno. El campo de batalla no solo está embarrado, sino que, además, está en pendiente. Por lo tanto, los franceses avanzan a duras penas y los que escapan a las flechas inglesas llegan agotados ante el enemigo;
* el exceso de hombres. Los franceses son demasiados para lanzarse al asalto y se molestan mutuamente.

REPERCUSIONES

UNA FRANCIA DIVIDIDA Y DEBILITADA

Por lo tanto, en 1416, Enrique V llega como vencedor a Inglaterra, cubierto de gloria. En efecto, con un puñado de hombres ha logrado humillar y debilitar significativamente a Francia. Por consiguiente, se le da la bienvenida con alborozo y alegría, y ya no se cuestiona su autoridad.

De hecho, Azincourt asesta uno de los golpes más duros al prestigio militar de la nobleza francesa, ya que su élite ha sido derrotada por un ejército compuesto fundamentalmente por plebeyos. Duques, condes, oficiales de alto rango del ejército, bailíos, etc. han fallecido a manos de los «villanos», esos arqueros provenientes del pueblo inglés, lo que no hace más que aumentar la humillación.

Enrique V, confiado por esta aplastante victoria, llega de nuevo a Francia en 1417 con un ejército más poderoso, más numeroso y mejor equipado, e inicia la conquista de Normandía. Nada parece poder frenarlo y ninguna plaza fuerte logra derrotarlo.

Mientras tanto, en París, han vuelto a aflorar con más fuerza las disputas internas. El gobierno armagnac, que ha perdido a su jefe, Carlos de Orleans —que se encuentra preso en Inglaterra—, apoya ahora al delfín de Francia, el futuro Carlos VII (1403-1461), hijo del rey Carlos VI. Pero a los armagnacs les cuesta plantar cara a los borgoñones. Estos, liderados todavía por Juan sin Miedo, utilizan alegremente la derrota de Azincourt para humillar a sus oponentes. No obstante, su jefe no se contenta con esto y, en 1418, decide avanzar hacia París con el ejército que no había querido enviar a Azincourt. Entonces, los armagnacs son masacrados y el joven delfín se salva por poco. Se fuga y se instala en Bourges, donde reúne a sus hombres.

Así, Juan sin Miedo tiene el control de París y, por fin, ha logrado apartar a los armagnacs. Sin embargo, ahora tiene que enfrentarse a los ingleses, que acaban de terminar la conquista de Normandía con la toma de Ruán (1419). Si quiere enfrentarse a ellos, tiene que buscar ayuda y, por increíble que parezca, no le queda más remedio que apelar a los armagnacs. Desgraciadamente para él, cuando se encuentra con el delfín para un intento de mediación, es asesinado por sus sempiternos enemigos.

LA CORONA DE FRANCIA PARA LOS INGLESES

La reacción de su hijo, Felipe el Bueno (1396-1467), no se hace esperar. Se alía de inmediato con Enrique V y lo apoya en sus pretensiones al trono de Francia, en perjuicio del heredero legítimo: Carlos, el delfín. De esta alianza nacerá la firma del Tratado de Troyes, el 21 de mayo de 1420. Con este acuerdo, Carlos VI, que probablemente no es del todo consciente de lo que hace, y que está presionado por Felipe el Bueno, reconoce la legitimidad de Enrique V. Este es nombrado regente de Francia y se decide que accederá al trono cuando muera Carlos VI. Por lo tanto, el delfín queda desheredado, mientras que Catalina, su hermana, se casa con el inglés.

Dos años más tarde, los dos reyes mueren con unas semanas de diferencia. De esta manera, Enrique VI, hijo de Enrique V, hereda los dos tronos con solo unos meses de vida. Es el hermano de Enrique V, Juan de Lancaster, duque de Bedford (1389-1435), quien asume la regencia tanto en Inglaterra como en Francia.

LA RECONQUISTA FRANCESA

En ese momento, Francia, oficialmente bajo el dominio del duque de Bedford, está divida en la práctica en tres partes. El sur está ocupado por el delfín, que se proclama rey de Francia cuando muere su padre y que cuenta con muchos apoyos —sobre todo gracias a una alianza con los escoceses, que le proporcionan arqueros—, el noroeste está ocupado por el regente y el resto, por el duque de Borgoña, Felipe el Bueno.

Juan de Lancaster, que no acepta la competencia, renueva la alianza de Inglaterra y Borgoña, e inicia la conquista sistemática del sur de Francia. Pero cuando tiene el control de casi todo el territorio, debe enfrentarse a uno de los personajes más famosos de la historia de Francia: Juana de Arco (1412-1431). Gracias a ella y a la deserción de Felipe el Bueno, el delfín por fin está en condiciones de ser entronizado en Reims en 1429. En 1453, al cabo de veinte largos años de reconquista, los ingleses son expulsados definitivamente del reino de Francia.

LA GUERRA DE LOS CIEN AÑOS Y LA IDENTIDAD NACIONAL

El impacto más duradero de la guerra de los Cien Años es, sin lugar a dudas, el hecho de haber permitido que se desarrolle una identidad nacional tanto en Francia como en Inglaterra.

En Francia, defender el reino era una prioridad y, aunque hemos visto que las disensiones eran comunes, lo cierto es que, por causas de fuerza mayor, tuvo que tejerse una cierta solidaridad entre los diferentes vasallos del rey de Francia. Estos son llamados periódicamente para luchar juntos, por lo que ya no pueden dedicarse a incesantes guerras fratricidas, como hacían hasta ese momento. Así, en 1453, cuando los ingleses son expulsados definitivamente, Francia no solo queda liberada, sino que está más unida que nunca.

Lo mismo sucede en Inglaterra: la guerra en Francia se convierte en la manera que algunos reyes, como Enrique V, tienen para imponer su autoridad y para calmar los conflictos internos. Además, los reyes, que necesitan con frecuencia dinero y hombres, saben que no pueden prescindir de la ayuda de sus súbditos, y se empieza a instaurar un inicio de consulta, que observamos claramente con el desarrollo cada vez más importante del parlamento inglés.

EN RESUMEN

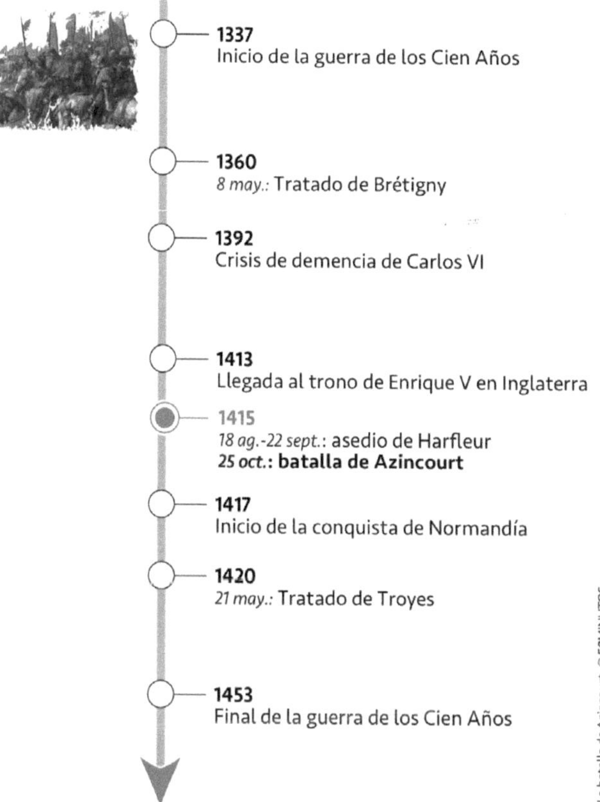

1337
Inicio de la guerra de los Cien Años

1360
8 may.: Tratado de Brétigny

1392
Crisis de demencia de Carlos VI

1413
Llegada al trono de Enrique V en Inglaterra

1415
18 ag.-22 sept.: asedio de Harfleur
25 oct.: batalla de Azincourt

1417
Inicio de la conquista de Normandía

1420
21 may.: Tratado de Troyes

1453
Final de la guerra de los Cien Años

- Desde hace unos dos siglos, las relaciones diplomáticas entre Francia e Inglaterra son difíciles. Las tensiones se materializan en torno a un territorio del suroeste de

Francia: el ducado de Aquitania.

- En 1413, Enrique V sube al trono de Inglaterra y planea una invasión de Francia, que en ese momento se ve sacudida por una guerra civil que opone a los armagnacs y a los borgoñones.
- En 1415, llega a Calais y se dirige hacia Harfleur para asediarla. Una vez que cae la ciudad, decide volver a Calais, dado que la estación está demasiado avanzada como para proseguir la campaña.
- Por el camino, se enfrenta a un ejército francés mucho más numeroso que le bloquea el camino hacia Calais.
- El 25 de octubre, los dos ejércitos están colocados en posición de batalla en un claro cerca de Azincourt.
- Hacia las 11:00, Enrique V ordena a sus arqueros que inicien las acciones. La caballería francesa reacciona y carga contra los arqueros.
- La caballería cae derrotada y retrocede, pero se encuentra con la primera línea de infantería, que viene a apoyarla. El caos es total.
- No obstante, la infantería se reorganiza y ataca a los ingleses. En seguida fracasa.
- La segunda línea de infantería se pone en marcha para acudir en su ayuda, pero también es derrotada. Muchos franceses son capturados.
- Cuando la ventaja está del lado de los ingleses, la repentina intervención de Antonio de Brabante y de Isembart de Azincourt provoca que Enrique V tema que los franceses recobren su ánimo. Entonces, ordena a sus hombres que ejecuten a los prisioneros franceses.
- Esta masacre resultará inútil, puesto que la última línea francesa, compuesta por caballeros, retrocede y aban-

dona el campo de batalla.

- A las 17:00, los heraldos confirman la victoria inglesa y se le da a la batalla el nombre de Azincourt.

- 35 -

¡Tu opinión nos interesa!
¡Deja un comentario en la página web de tu librería en línea,
y comparte tus favoritos en las redes sociales!

PARA IR MÁS ALLÁ

FUENTES BIBLIOGRÁFICAS

- Universalis. s.f. "Azincourt (bataille d') (25 oct. 1415)". *Universalis*. Consultado el 26 de abril de 2017. http://www.universalis.fr/encyclopedie/bataille-d-azincourt/
- Adams, Simon. 2017. "Battle of Agincourt". *Britannica*. 27 de marzo. Consultado el 26 de abril de 2017. https://www.britannica.com/event/Battle-of-Agincourt
- Contamine, Philippe. 1964. *Azincourt présenté par Philippe Contamine*. París: Julliard, colección *Archives*.
- Contamine, Philippe. 1992. *Histoire militaire de la France*. París: Presses universitaires de France.
- Contamine, Philippe. 1968. *La guerre de Cents Ans*. París: Presses universitaires de France, colección *Que sais-je?*
- Favier, Jean. 1980. *La guerre de Cent Ans*. París: Fayard.
- Gauvard, Claude, Alain de Libera y Michel Zink. 2002. *Dictionnaire du Moyen Âge*. París: Presses universitaires de France.
- Keegan, John. 1993. *Anatomie de la bataille. Azincourt 1415, Waterloo 1815, La Somme 1916*. París: Robert Laffont.
- Lalande, Denis. 1988. *Jean II le Meingre, dit Boucicaut (1366-1421). Étude d'une biographie héroïque*. Ginebra: Droz, colección *Publications romanes et françaises*.

FUENTES COMPLEMENTARIAS

- Ambühl, Remy. 2007. "Le sort des prisonniers d'Azincourt (1415)". *Revue du Nord*, t. 89, n.o 372, 755-787. Octubre-diciembre.

- De Belleval, René. 1865. *Azincourt*. París: J.-B. Dumoulin.
- Cottret, Bernard. 2007. *Histoire de l'Angleterre. De Guillaume le Conquérant à nos jours*. París: Tallandier.
- Gilliot, Christophe. 2007. *Azincourt et la vie quotidienne en 1415*. París: Éditions Heimdal.
- Higgins Burne, Alfred. 1999. *The Agincourt War*. Ware: Wordsworth editions.
- Hawley Jarman, Rosemary. 2012. *Agincourt. The story of a Battle*. Stroud: Amberley.
- Millot, Pierre-Yves. 2005. *Azincourt*. París: Millot.
- Paladilhe, Dominique. 2002. *La bataille d'Azincourt, 1415*. París: Librairie académique Perrin, colección *Pour L'histoire*.
- Perroy, Édouard. 1976. *La guerre de Cent Ans*. París: Gallimard.
- Schnerb, Bertrand. 2005. *L'État Bourguignon. 1363-1477*. París: Perrin.
- Schnerb, Bertrand. 2005. *Jean sans Peur, le prince meurtrier*. París: Payot, colección *Biographie Payot*.

FUENTES ICONOGRÁFICAS

- Retrato de Alienor de Aquitania. La imagen reproducida está libre de derechos.
- Retrato de Eduardo III. La imagen reproducida está libre de derechos.
- Miniatura que representa a Carlos VI guardando cama mientras es atendido por su médico. La imagen reproducida está libre de derechos.
- Retrato póstumo de Enrique V. La imagen reproducida está libre de derechos.

- Miniatura de la batalla de Azincourt. La imagen reproducida está libre de derechos.

DOCUMENTALES

- *Azincourt 1415.* Dirigido por Philippe Colin. Francia: Pathé, 1974.
- *La bataille d'Azincourt. Un vendredi en enfer* Dirigido por Pascal Cuissot y Rob Coldstream. Francia: Arte France, 2004.

LITERATURA

- Cornwell, Bernard. 2009. *Azincourt.*
- Shakespeare, William. 1599. *Enrique V.*